Wiener Urtext Edition

UT 50401

Frédéric Chopin

ポロネーズ　変イ長調《英雄》作品53

Polonaise As-Dur op. 53

原典譜に基づく校訂と運指法と演奏のための覚え書
クリスティアン・ウーバー

Edited from the sources and provided with fingerings and notes on interpretation
by Christian Ubber

Wiener Urtext Edition, Musikverlag Ges. m. b. H. & Co., K. G., Wien

© 2014 by Wiener Urtext Edition, Musikverlag Ges. m. b. H. & Co., K. G., Wien
Erste Auflage / First Edition

序　言

　ショパンのポロネーズは，その素晴らしさにも関わらず，完璧に演奏することが難しいためか，積極的に手掛けられることが少ないが，もっとも素晴らしいインスピレーションにあふれたものに位置づけられる。それらが「ポンパドール風ポロネーズ」を気取っているとか，影響されているなど，思い起こさせることはない。ポンパドール風ポロネーズとは，オーケストラがサロンで，ヴィルトゥオーゾがコンサートで演奏する「サロンのレパートリー」で，平凡さとマンネリズムにあふれている陳腐な音楽コレクションである。ショパンのポロネーズはエネルギッシュなリズムを特徴とし，無関心さで麻痺した人たちの気分を高揚させる。古きポーランドのもっとも高貴な伝統的感覚が，そこに具現されている注1。

　このことをフランツ・リストが1851年に書いた有名なショパンについての研究論文の中で，ショパン作品におけるポロネーズの位置づけを論じている。変イ長調のポロネーズ作品53はポロネーズ作品の頂点にあると一般的には考えられている。実際，この分野全体に対して作品53は厳格に指標を目指した作品として際立っている。ポーランドの伝統にまさに基づいたワルシャワ時代のサロン向けの華麗なポロネーズの後，ショパンはパリでポロネーズ作品26とともに，この分野に再び向き合うことにし，以前のものとは異なるものとした。作品26からの7つの大きなポロネーズに特徴的なことは「ショパンはピアノの音色の強さと音量の増大を求めた。リズミックなユニゾンとオクターヴのパッセージを交互にした充分な和音構造，そこに装飾音，跳躍，ペダルを加えて，中間声部での和音書法と，極端な音域での金属的な響きのオクターヴを一体とさせている」ということだ注2。

　ポロネーズ作品26と作品40は，ダ・カーポ形式で，それはこのジャンルの規範にしたがったものだが，作品44と作品53は模範を脱している。ショパンはポロネーズを全く個性的な書法で作っていて，ポロネーズの主な部分と交互となる中間部分において，ポロネーズという限界を超えている。作品44ではマズルカを取り入れ，作品53ではこのジャンルの伝統に別れを告げている。すなわち，ホ長調部分で，オスティナートオクターヴを特徴とし，対照的な性格のインテルメッゾとなるからだ。ショパンは作品61の幻想ポロネーズにおいてはさらに自由を手にする。この作品はポロネーズでありながら，せいぜい回想といった雰囲気だ。その意味から，作品53のポロネーズはこの分野にショパンが没頭していた最後のものということになる。

　ショパンの後期作品の特徴は動機的関連の複雑なネットワークで，それがさまざまな部分を結びつけている。例えば，4つのオスティナートモティーフ（83小節）は序奏の16分音符に基づいたもので，129小節目からの$piano$パッセージを支配し，中心部分（151小節から154小節）に戻るユニゾンを形作る。変イ長調の調号が戻った後，次のセクション（121小節）は最初の中間部（57小節）の確実な引用で始まる。

　作品53の変イ長調ポロネーズはおそらく1843年に書かれた。ライプツィッヒのブライトコプフ・ウント・ヘルテル社に宛てたショパンの日付不明の手紙に，次のように書かれているからだ。「スケルツォ（600フラン），バラード（600フラン），ポロネーズ（500フラン）を貴社に要求したい」注3。この手紙では変イ長調のポロネーズの他に，作品54のホ長調のスケルツォや作品52のヘ短調のバラードのことに言及している。これらの作品がすでにこの時点で完成していたのかどうかは確かではない。というのは出版が1843年末までかかったからだ。10月15日にショパンはアウグスト・レオに向かってノアンから次のように書いている。「親愛なる君の許しがもらえるなら，ロンドン用の手書き譜を君に送るので，ウェッセル・エ・スタンプレオン社にそれらを手渡してもらえないだろうか」注4。銀行家のアウグスト・レオはパリ初期時代からの友人で，しばしば経済的な支援もしてくれていて，変イ長調のポロネーズを献呈している。

　このポロネーズは1843年11月にライプツィッヒのブライトコプフ社から，1843年12月にパリのシュレジンガー社から出版され，1844年3月にはロンドン版がウェッセル社から出版された。ショパンが用意した版下製作者の自筆コピー3つのうち，ブライトコプフのドイツ初版が残っている。そのため，これがもっとも権威ある資料とされる。他の版はさまざまなヴァリアントを示しているが，それらは自筆譜をもとにしたものなので，資料として同様に有効である。フランス初版は最終的に権威ある数多くの解釈から成っているので，間違いや不正確さが多いとはいえ，主要な資料と考えられている。本楽譜は，演奏のための覚え書や校訂報告においてもっとも重要なヴァリアントを詳細に論じるものを含んでいる。

　編集者として，校訂報告に挙げた図書館，および資料の有効な写しを作ってくれたスタッフに感謝し，さらにナドゥヤ・ライナース氏にはジーグブルク市立図書館の相互貸出システムによって情報提供をしてくださったことにお礼を申し上げたい。

クリスティアン・ウーバー
（小坂裕子 訳）

注1　フランツ・リスト，「フレデリック・ショパン」（全集第1巻，改訂版），ラ・マーラ訳，ライプツィッヒ，1910年，p. 19。
注2　ジム・サムソン，「フレデリック・ショパン」，シュトゥットガルト，1991年，p. 144。
注3　フレデリック・ショパン，「手紙」，クリスティナ・コビラニスカ編，フランクフルト，1984年，p. 206。
注4　同書，p. 209。

演奏のための覚え書

テンポ

　作品40-1のイ長調と作品44の嬰ヘ短調のポロネーズのように，変イ長調作品53は勝利を感じさせる「英雄的な」ポロネーズスタイルに属していて，それは作品26のような「メランコリックなポロネーズ」や作品40-2のハ短調（「英雄ポロネーズ」のヴァリアント）の「悲劇的ポロネーズ」または若い頃のセンティメンタルで華麗なポロネーズとは対照的だ注1。もともとポロネーズとは落ち着いてもったいぶって大またに動く踊りで，結婚式のような祭りの際にとりわけポピュラーなものだった。ハインリッヒ・クリストフ・コッホが1802年の「音楽事典」に書いているように，「式祭の，厳かな性格で，弱拍で始まる3拍子の曲で大体においてアレグロとアンダンテの間の中庸な動きの曲」注2。さらに19世紀には百科事典的にポロネーズのゆっくりとしたテンポがさらに強調される：「全体がメヌエットよりいくぶん遅くなり，リズムの特徴は3つの4分音符が同じような強さを持つことで注3，真のポロネーズは舞踏のメヌエットほどには速くないということで，厳かな重みがある」注4。ショパンはそのレッスンにおいて，あまりにも速いテンポだと注意していたし，それが作品53の場合ではとりわけそうだった。というのは，速く演奏すると，偉大さや厳かな性格が失われることになるからだ注5。

トリルとアッポジャトゥーラ

　ショパンが弟子の楽譜に書き込んだ数多くのメモによると，たいてい，トリルを上の補助音から弾くようにと言ったそうだ。トリルに主な音と同じ前打音が付いている場合，その例は33小節目にあるが，トリルの前打音と主な音が重ならないように，この場合の前打音はトリルを主な音で始めるように，拍の前ではなく，同時に始めるようにと意図されたものだ注6。

　概して，上の補助音から始めるのは短いトリルの場合で，トリルサインが使われているが，それは他の資料（27, 43, 130, 134小節）では〰が使われ，それはイギリス版のいくつかの *tr* の代用であるのは明らかだ。しかし，主な音で始めるようにとショパンが弟子の写譜に指使いを書き込んだ例外もある注7。ハインリッヒ・クリストフ・コッホ（1802）は半トリルを補助音で常に始めるわけではないと考え，「4音トリルを補助音で始める普通のトリルと考える作曲家もいるし，主な音で装飾は始めるべきだと考える作曲家もいる…」注8。さらにダニエル・ゴットロープ・テュルク（1789）にとって，半トリルは主なる音を含む同じ音が先にあるのなら，主な音で始めるべきだという。「なぜならトリルはそこに付随する転回されたモルデントと混同されてきたからだ」注9。これは27小節目のトリルと63小節目のトリルもおそらく（いずれのケースもオクターヴで同じ音を先行させているが）主な音で始められている。（トリルの前の）アッポジャトゥーラは拍の上で演奏され，バスの音と同時で，拍の前に演奏することはない注10。ショパン自身は弟子の楽譜に線を書き込んで，このことをたびたび，教えていた。

演奏のための資料としてのさまざまな解釈

　次に論じる演奏解釈についての問題は権威ある3つの楽譜の違いに起因する（ドイツ初版用の版下製作者の自筆譜コピー／ドイツ初版，イギリス初版，フランス初版）。

11小節：ショパンはリズムを3つの資料とも異なって書き，それが正しいとは限らない。版下製作者の自筆譜コピー，したがって，ドイツ初版においては，1拍目の8分音符は次の8分休符なしに書かれていて，したがって，この小節は8分音符分足りない。イギリス初版では最初の8分音符の後にもう8分休符を加えて，この誤りを正した。フランス初版では上声譜表に数的に正しい解釈を付けている。第1拍の和音は4分音符とされている。11小節が3小節目や7小節目と同様と考えられるなら，リズムは8分音符と8分休符とすべきだ。しかし1小節目や5小節目，9小節目と同様と考えるなら1拍目に4分音符があるべきだ。フランス初版は8分音符の代わりに4分音符にしているばかりでなく，さらに *fz* を加えているので，1小節目にしたがってその後を修正したことが予測される。最初の4小節を2小節の長さに短くしているということを強調するためで，音楽的な論理が通っている。

28, 44, 76, 166小節：ドイツ初版とイギリス初版のための版下製作者の自筆コピーはイのない変ホと変ホのアッポジャトゥーラオクターヴを与え，フランス初版はそれに対して28小節目にイがある。それは多分，権威ある最終的なヴァージョン，すなわちショパンによる校正で指摘されたという証明付きのものに基づいているのだろう。ショパンのアッポジャトゥーラは拍の上で行われるのが通常で，変ホと変ホは変ニと変ニのサスペンションと考えるべきで，左手の音符と右手のイとともに拍の上で弾かれる。フランス版とミクリ版の助言ではアッポジャトゥーラのイと主な音のイをタイ注11でつなげることで，演奏が明確となるとしている。

39-40, 71-72, 161-162小節：フランス初版と他の版の比較において，下声譜表の16分音符群はレガートスラーではなく，デクレッシェンド指示が書かれている。これは18世紀ではよく使われた2音のデュナーミック構成注12がショパンの時代も使われていて，最初の音を少し強調し，2つ目の音はいくぶん柔らかく演奏するということを意味している。スラー指示ではなくデクレッシェンドになったのは，おそらく，素質のある演奏家たちがもはや古いルールに慣れていないということを考慮してのことだ。

48, 80小節：フランス初版は80小節目ではアッポジャトゥーラの後，2拍目の和音に後から付けられたアルペッジョがある。しかしこの資料では1拍目から2拍目の変ホと変ホのタイが欠けていて，それはドイツの版下製作者の自筆コピー，ドイツとフランス初版では付けられている（フランス初版は80小節のみ）。このアルペッジョはおそらく演奏のために明らかにされたもので，2拍目の和音はショパンがアルペッジョのサインを他のところで使っているときに示しているように，とりわけ29小節目で顕著だが，10度音程を跳躍するためにばらばらに弾かねばならないからだ。持続させる音の効

果をあげるために，変ホはいくぶん強めに演奏されるべきだ。本来は，和音をばらばらに演奏するときは，もっとも上の音（変ロ）は左手で演奏される。

50-51，54-55小節：上声譜表のタイが小節線をまたいでいるが，それは先にあるスラーのように上声につなげるレガートスラーとなると考えられる。このことは次の小節で鍵盤を打ち鳴らすために，ハや変ホをゆるめておこうということなのだろう。ショパンが全体を考える記譜法では，タイを完全なレガートを作ることができる唯一の方法と考えている。というのは，鍵盤をもう一度たたくとレガートをなくすことになる。それを避けることができるからだ。

92，112小節：フランス初版のパッセージにおいて，訂正版で見ると，下声譜表に書かれていた（ヘ音譜表の）嬰ハの16分音符が加線を取り去り，ロ音に変更された。中声部の旋律線はその結果，嬰ト－ロ－ロとなり，上声でエコーのようになる。並行するパッセージで嬰ハがロ音に変わり，これは初期の版の最終的な校正だと考えることができ，版下製作者が版をおこしている間に加線を見落としたということではないとなる。

97小節：上声譜表で上昇する和音は資料譜で同じように書かれているわけではない（楽譜下部参照）。版下製作者の自筆コピーやドイツ初版には和音が4つあり，他の資料譜では和音は3つである。版下製作者のコピーではより上の音の和音が次の和音にタイで結ばれている。しかし自筆譜では訂正されていたと指摘がある：3拍目あたりの嬰イ，おそらく3拍目の嬰ヘは消された。このことはフランス初版の解釈を確実にし，最終的に権威のある版だということになる。同じことが117小節についても言え，イギリス初版でも同じようである（しかしここではまだタイがあるが）。

98，118小節：上声の和音のもっとも上の音嬰ニ－嬰ニと，重嬰ヘ－重嬰ヘのスラーは，タイではなく，繰り返す音のレガートスラーだと考えられるべきだ。

141小節：3拍目あたりの意味がないように思えるリズムはショパンが版下製作者の自筆コピー♪♪♪に訂正をいれたもので（178小節でリズムは戻る），アーティキュレーションとペダル指示と関係させると，重要となる。ショパンは142小節で16分音符のポルタートと対照的にしたいのだ。142小節ではペダル指示によって，音が互いに無関係になるのではなく，スタッカートとペダルを同時に使うと，ペダルをさらに使ってレガートを得ようとするよりも，とりわけ効果的な響きとなる注13。対照的に141小節のペダルを使わない普通とは異なる記譜は，真のスタッカートの意味で（継続的スラーをちょっと踏みにじるが），変ロとイを切り離して聞こえるようにしている。逆にこれはまた同じような134小節のパッセージで訂正を行ったことを確信させる。ここではショパンはリズム記譜で何の違いも作らずに，ペダル指示を次の小節の最初の音の下におき，134小節の最初の16分音符に戻ってドットを付けた。このことは141／142小節と比較するとこのパッセージのポルタート音符はペダルで支えられたポルタートとなるので，アーティキュレーションとしてまとまるということだ注14。

最後に演奏のための間接的な助言：129-147小節を演奏するには，リストの言葉を弟子のカール・V・ラチムンドが次のように記している。「この部分のバスをさらなるフォルツァンドで演奏しないように。ちょっと躊躇するかのようなアクセントを付けて，遠くで鈍く響く大砲のように。ペダルが効果的となる」。「しかし自分の考えとは違うが」。さらにリストは「ショパンがこのように演奏するのをしばしば耳にした。ピアノの前に座ると，低音に付けるアクセントで生み出す彼独自の効果は，最初は長いインターバルで，それから全ての拍で生まれ，我々には啓示のように思われた。それはあたかも闘いに赴く軽騎兵の思い出（83-119小節）に，それから遠くの闘いへの想いにつながっているかのようだった」と語った注15。

クリスティアン・ウーバー
（小坂裕子 訳）

注1　ポロネーズのさまざまなスタイルの違いは，例えば，ミエチスワフ・トマシェフスキ「ショパンとその時代」に取り上げられている。Laaber社，1999年，pp. 122f。

注2　ハインリッヒ・クリストフ・コッホ，「音楽事典」，再版編集ニコル・シュヴィント＝グロス，カッセルほか，2001年，col. 1558。

注3　項目：ポロネーズ「ピエラー百科全書」（1857-1865），DVD-ROM版，新印刷，ファクシミリ，ベルリン，2005年（＝デジタル図書，vol. 115），p. 169873, cf. ピエラー，vol. 13, pp. 310-311。

注4　項目：ポロネーズ「百科事典または要約事典」（1809-1811），DVD-ROM版，新印刷，ファクシミリ，ベルリン，2005年（＝デジタル図書，vol. 131），p. 3934, cf. CL, vol. 3, pp. 461-462。

注5　Cf. ジャン＝ジャック・エーゲルディンゲル，「ショパン：弟子から見た演奏家そして先生」，ケンブリッジ，1986年，p. 82。

注6　Cf. エーゲルディンゲル，「ショパン」，pp. 131f。

注7　Cf. エーゲルディンゲル，「ショパン」，pp. 132f。

注8　コッホ，「音楽事典」，col. 1168。

注9　ダニエル・ゴットロープ・テュルク，「クラヴィア指導，指導者と弟子のためのクラヴィア演奏指導」，編集出版ジーグベルト・ランペ，カッセルほか，1997年，pp. 273f。

注10　Cf. テュルク，「クラヴィア指導」，pp. 133f。

注11　資料参照は校訂報告。

注12　Cf. 例えばテュルク，p. 355。

注13　Cf. このことについて，ヨハン・ネポムーク・フンメル，「ピアノフォルテ演奏のための理論的実践的詳細指導」，ウィーン，1828年，第2版，p. 54。

注14　ポルタートのコンビネーションとペダルの使用法の一例はフンメル「ピアノフォルテ演奏への指導」第2巻，p. 453に見出される。

注15　カール・V・ラチムンド，「フランツ・リストとともに」，エシュヴェーゲ，1970年，p. 81。

1，5，9，11小節の指使い

Polonaise
dédiée à Monsieur Auguste Léo
op. 53

Frédéric Chopin
(1810–1849)

*) 詳細ノート参照
**) fE：ニなし

© 2014 by Wiener Urtext Edition, Musikverlag, Ges. m. b. H. & Co., K. G., Wien
Wiener Urtext Edition No. 50 401

*) 詳細ノート参照
**) 演奏法は演奏のための覚え書参照

*) fE：ここと，同じような箇所に ＞ 指示なし
**) fE のスラーについては詳細ノート参照
***) fE：上声は常に ♩♩ ではなく ♩♩，演奏のための覚え書参照

*) fE：80小節ではアルペッジョ付きの和音，詳細ノートと演奏のための覚え書参照

*) 詳細ノート参照

*) Cf. 39小節
**) Cf. 48小節

*) 詳細ノート参照
**) dSt, dE, eE: ここと112小節ではロではなく嬰ハ。fE では後の訂正でロ, 詳細ノート参照

*) 詳細ノート参照

**) dSt, dE: , 詳細ノート参照

*) Cf. 92小節
**) 詳細ノート参照
***) Cf. 97小節

*) eE: 嬰ハ。dSt, fE: 臨時記号なし
**) eE, fE: スラー:
***) dStにはショパンの校正にしたがったリズム。ミクリが に訂正，ただし Cf. 178小節

*) fE: *ff*
**) Cf. 39小節
***) 詳細ノート参照

*) 詳細ノート参照
**) dSt, dE, fE：変ホではなくヘ。スターリング所有の写譜やeEにおけるショパンの校正によると変ホ

校訂報告

資料

Sk 121-154小節のスケッチ，残っていない。
保存画像コピー：ショパン協会，ワルシャワ。

dSt ドイツ初版のための版下製作者の自筆コピー
ニューヨーク，ピエルポント・モルガン・ライブラリー，ハイネマン・コレクション，MS 42。

dE ドイツ初版：ブライトコプフ・ウント・ヘルテル社，ライプツィッヒ，1843年11月。
使用コピー：シカゴ，大学音楽図書館，M32. C54P8302。

fE フランス初版：シュレジンガー，パリ，1843年12月14日。
使用コピー：シカゴ，大学音楽図書館，M32. C54P833。

eE イギリス初版：ウェッセル社，ロンドン，1844年3月。
使用コピー：エディンバラ，スコットランド国立図書館，音楽部門，Vol. 305 No. 12。

fEkJS ショパンの弟子ジェイン・スターリングが所有したフランス初版の個人的なコピー。
パリ，国立図書館，音楽部門，Vma 241(6)，ジャン=ジャック・エーゲルディンゲル編ファクシミリ，パリ，1982年。

fEkMS ショパンの弟子マリー・ド・シェルバトフ所有のフランス初版の個人的なコピー。
ケンブリッジ（Mass.），ハーバード大学，ホートン図書館，音楽部門，C.4555.B846c。

Mi ショパンの弟子カロル・ミクリ（1821-1897）版：フレデリック・ショパンのピアノ-フォルテ-作品，第5巻，キンスター，ライプツィッヒ，1879年。ミクリはショパンの他の弟子たちからの情報とともに，自分のためのレッスンでのメモも取り入れている。
使用コピー：ベルリン，芸術大学，EA 1004/13150。

版

ポロネーズ変イ長調作品53は出来上がると，まずショパンの写譜者が，イギリス，ドイツ，フランス3か所の出版社用に3つの手書き譜を作り，3社のための印刷版下を用意した。ドイツ初版の印刷版下（**dSt**）とイギリス，フランス初版の印刷版下（[**eSt**]と[**fSt**]）は残っておらず，それらは互いに直接的に依存し合っていないが，それはどちらの印刷版下も他の模範になっていないということを意味する。むしろ，残っていない手書き草稿に基づいていたと憶測される。イギリス初版（**eE**）は出版された3つの楽譜の最後のものだが，それは――したがって[**eSt**]も――楽譜内容のもっとも初期の段階を示している。**dSt**や[**fSt**]が用意された正確な年代的順序を確かめるのは不可能で，ショパンは印刷版下を一つずつ完成したわけではなく，ページごと交互に取り組んだが，しかし秩序だっていたわけではないだろう。しかし，**dSt**または**fE**（[**fSt**]の所産）が最後の権限ある版であるかどうかは推測されよう。

新しい本楽譜の主な資料は唯一現存する手書き譜としての**dSt**である。さらに，**dSt**は**fE**よりも演奏指示という点でより詳しい。このことはショパンが海外に印刷版下を送るにあたって，より慎重に手を入れていたということを示す。というのは，**fE**とは異なって，校正されるものを見直すことができなかったからだ注1。フランス初版（**fE**）は印刷ミスが多く，不正確なところが目に付くが，本楽譜の参照資料としての価値はある。というのは，それが手書き印刷版下に基づいているということだけでなく，とりわけ慎重に行われたとは言えないが，ショパンがチェックしていたものだからだ。さらに，パッセージのいくつかは最後の権威づけられた版だという印象を与える。例えば，92小節や112小節における中声部，97小節や117小節の和音部分など。これらの場合は**fE**を見ると，それが決定的な版だと考えられ，本版の資料に採用された。

その他，**eE**と**fE**からの重要な違いは下記の詳細ノートに挙げてある。アーティキュレーション，デュナーミック，ペダル指示に重要な相違が認められる。楽譜にイタリックで書かれた指使いはマリー・シェルバトフの教え子所有の写し（**fEkMS**）から採用されたものだ。鉛筆で楽譜に書かれた数字の形や流れがショパンのものに一致するからで注2，そのため，これらの指使いはショパン自身が書き込んだものだと憶測できる。

dStの詳細ノートに書かれたものは，あえて述べられていなくとも，**dE**にも常に呼応している。資料における明らかな間違いについてとりたてて言及していないことがあり，**dE**での明らかな編集上の付加や，デュナーミックマーク，演奏やペダル指示の些細な調整が明確でない場合がある。**fE**と**eE**からの不確かな付け加えは括弧付きで楽譜の中に示してある。これらの資料からの納得のいく付加は，楽譜の中にとりたてて明らかにされていないが，詳細ノートには一覧表となっている。編集による付加は四角い括弧で指示した。慣例的臨時記号は言及せずに付加された。詳細ノートは次の並びとなっている：小節-譜表／声部-小節における印（音符／和音／休符）または拍-解説。

詳細ノート

1．主な問題

10小節-11小節，上声譜表／下声譜表：

dSt：11小節，1拍から2拍目，数量的にリズムが正しくない：♪ （2つ目のが抜けていて，**eE**ではこれが上下譜表に付加された）。**fE**：上声譜表（下声譜表においてではなく）♪ までリズムは正しく，10小節目の3拍目から11小節目の1拍目へのスラーも ⌒ もなく，その代わりに11小節目の1拍目に *fz* があり，これは3小節と7小節目ではなく，1，5，9小節と同じだと解釈されるからだ。したがって，最終校正とも考えられる。演奏のための覚え書参照。

注1　クリストファ・グラボウスキ，「フレデリック・ショパンのフランスオリジナル版」参照，音楽学，82/2（1996），p. 212-243の中のp. 217。

注2　数字「1」は右に傾く単なる線のようで，何よりも「4」と「5」はショパンの書き方に特徴的な形となっている。

28小節，下声譜表，最後の音：
dSt：44，76，166小節と同じくここでは ハが和音にない――**eE**では――ハがある。**fE**：常にハはない。本楽譜は**fE**にしたがっている（cf. 次に続く，アルペッジョ和音の3声部書法）。

31，47，79小節，上声譜表，1拍目あたり：
アルペッジョサインは**dSt**においてだけで，他の資料にはない。**dE**の間違いは，主要音への装飾音からスラーが付けられている。

48小節，下声譜表，2拍目：
全ての資料：アルペッジョサインはない。しかし同じような80小節目で**fE**では版修正として付け加えられている。このことについては，演奏のための覚え書参照。

92，112小節，上声譜表，下声の2番目の音：
fE：16分音符（ここでは下声譜表に書かれている）は嬰ハの位置に書かれ，いずれの小節でも加線はなく，それは次のような意味からだ。修正前，**dSt**，**eE**には嬰ハがあった。修正後，加線と嬰ハ－ロのおそらく残っていたスラー（cf. **dSt**と**eE**）は**fE**で削除された。したがって最終的な決定版ではロだと思われる，演奏のための覚え書参照。

97，117小節，上声譜表，2番目－4番目の和音：
dSt：校正痕跡は難しい（117小節では違うが）：3拍目あたりの嬰イは削られ，3拍目の嬰イもおそらく削除された。このことは**fE**を見ると確信にいたるだろう。本楽譜は**eE**の117小節目と同様におそらく最終版である**fE**にしたがっている（しかし，**dSt**においてのように，タイはまだある）。演奏のための覚え書参照。

121小節，上声譜表，1拍目：
dSt：，**dE**，**eE**，**fE**には変ニがない。
dStでは修正前には（ショパンの手書き譜に呼応して斜めの）fが1拍目にあったが，修正後には消された。fの上部の長さは下を向いた変ホの符尾にかかるので，fの上部の端は下を向いた符尾の右に置かれていたため，したがって消さねばならなかった。変ニの高さで，変ホの符頭の右まであり，下向きの符尾にかかると，幾分大きすぎる音符の頭のように見えたからだ。変ニ／変ホ／変ホはしたがって，現代の版では付け加えられた。他の理由としては，ありそうもない解釈だが，ショパンは符頭をほぼ互いの上に書き，並べることはほとんどなかったからかもしれない。

131小節，上声譜表，9番目の音：
eE：ハの前には♯（編集段階でおそらく付加）。**dE**：ハの前は♮（確かに編集段階で付加）。他の資料では臨時記号はない。ミクリ版：**dE**と同じ。本楽譜は**dE**にしたがっている，それはこのパッセージの半音階は嬰ハの後のハで確認され，さらに嬰ハから変ロの増音程がハによって避けられるからだ。

133小節，3拍目あたり：
dSt：修正前は134小節，下声譜表の最初の音に付けられていた🅟が削除され，133小節目の3拍目あたり（おそらく16分音符のポルタートのアーティキュレーションを考慮して）に移動された。**dE**：133小節目3拍あたりに🅟。**eE**，**fE**：134小節，1拍目。

141小節，上声譜表，最後から2番目の音－最後の音：

dSt：編集前

ショパンが　　　　　に訂正。重複的な書法は133小節のポルタート書法とは違って，短く，乾いたスタッカートであることを意図したのだろう。133小節ではポルタート音符の最初にペダルが付加されていた。ミクリによると，この133小節の記譜　　　　　は正しくないかもしれないとある。というのは，スタッカート音符で同じような記譜が178小節目にも見られるからだ。演奏のための覚え書参照。

148小節－150小節，下声譜表，最初の音：
eE：（より前の版？では）変ホではなくホの前に♮。**fE**：148小節目では臨時記号（＝変ホ）がなく，149小節目では♮付き（＝ホ），150小節では♮付き（＝変ホ）。**dSt**：148小節はホの前に臨時記号なし（＝変ホ），149小節目では♮付き（＝ホ），150小節目では修正前は明らかに，ホの前には♮があって，それは校正の後は削除された。しかし実際は，これは正しい音だ：左手の1拍目にペンの書き損じがあって，ショパンは誤った音を削り，上声譜表の2番目の16分音符の下に3度和音変ホ／ト（変ホの前に臨時記号なしに）を書き直した。ショパンの習慣的な書法は小節の最初で，上声譜表の下に，下声譜表の音を書くというもので，上声譜表に対して，臨時記号がない。したがってこれは♮の削除ではなく，1拍目の音符の削除だということなのだ。**dSt**はしたがって，ホが150小節目で意図されたかどうかは分からない。**dE**：148小節から150小節はホの前に♮がそれぞれあるが，148小節と150小節では，編集的な付加によって，149小節にならっている。本楽譜は**fE**を確実に読み取って，148小節には変ホ，149小節にはホ，150小節には変ホ，それは132小節のホ－変ホの変更から予想され，148小節／150小節（変ホ），149小節（ホ）は144小節／146小節（変ホ），145小節／147小節（ホ）と同じだ。

2．詳細ノート補足

1小節　下声譜表　2拍目あたり
　dSt：誤り，ホの前に♮はない。本楽譜は**fE**や**eE**にしたがっている。

1小節
　dSt：※が2番目の16分音符の上にある。**dE**：※がここと第5，9，11小節では8分休符の上にある。本楽譜は**fE**と**eE**にしたがっている。

5小節　下声譜表　1拍目
　fE：おそらく間違い。変イがない。

6－7小節　下声譜表　**dSt**，**fE**：小節線上のスラーがない。**eE**にしたがって付加。

14小節　下声譜表　3拍目
　dSt：最後の音までの――，＞ではない。**dE**：デュナーミックはない。本楽譜は**fE**，**eE**にしたがっている。

18，19小節　上声譜表　2番目の音
　fE，**eE**：4つ目の音までの――で

はなく2番目の音に>。**dE**：——はすでに最初の音から。本楽譜は**dSt**の19小節目を採用（ここや同じようなところの——の位置は必ずしも明確ではない。ほとんどの場合19小節目のように2番目の16分音符でやっと始まる）。

26, 42, 74小節　上声譜表　下声　3拍目
　　dSt：ハ／変ホ，♪ではなく♪。**eE**，**fE**や**dSt**の164小節などにならって訂正。下声部では**fE**にしたがって♪付加。

28, 44, 76, 166小節　上声譜表　3拍目あたり
　　fE：28小節の装飾音，変ホ／変ホ，イ付加。演奏のための覚え書参照。

31小節　上声譜表　下声　1拍目
　　dSt：スタッカートはない。同じような45, 79, 169小節にしたがってスタッカートドットを付加。

36, 158小節　下声譜表　4-6番目の音
　　dSt：スラーなし。**eE**の36小節，**dSt**の68小節にしたがって付加。

38-41, 70-73, 160-163小節　上声譜表
　　fE：38小節（70，160小節）3拍目あたりから，40小節（72，162小節）の最後の音までずっと一本のスラー，**dSt**，**eE**では休符まで短いスラーになっている。

44小節　下声譜表　最後から2番目の音
　　dSt，**fE**：スタッカートドットなし。**eE**と，同じような76小節にしたがって付加。

44小節　3拍あたり　**dSt**：ペダル指示なし。**fE**，**eE**と，同じような28小節にしたがって付加。

48, 80小節　上声譜表　2-3番目の音
　　fE，**eE**（48小節だけ）：変ホ-変ホのタイがない。

48小節　3拍目　**dSt**：2拍あたりと3拍目あたりの間に※。本楽譜は同じような80小節目を採用。

58, 59小節　下声譜表　最後の音
　　dE：間違い。ヘ／トではなくヘ／変イ。

60-64小節　**dSt**：60小節，1拍目以外，おそらく間違い。ペダル指示がない。**eE**，**fE**にしたがって付加。

61小節　下声譜表　6-7番目の音
　　dE，**fE**：変ロを追加。cf. 右手。

64小節　上声譜表　**dSt**：余分なスラー付きの小さな音符群ニ-変ホ。

65小節　1拍目　**dSt**，**fE**：——なし。**eE**と同じような箇所にしたがって付加。

70小節　下声譜表　2-3番目の音
　　dSt：スラーなし。**dE**，**eE**，**fE**にしたがって付加。

70小節　上声譜表　3拍目あたり
　　dSt：おそらく間違い。——ではなく——。**fE**：デュナーミックなし。**eE**にしたがって訂正。

70小節　2拍目あたり-3拍目
　　dSt：ペダル指示なし。**eE**，**fE**，38小節，160小節などにならって付加。

71-72小節　**dSt**：——と——がない。**eE**と，同じような39-40，161-162小節にしたがって付加。

72小節　下声譜表　上声　最後から2番目の音-最後の音
　　dSt：スラーなし。**eE**と，同じような162小節にしたがって付加。

73小節　**dSt**：——の最初は2拍目。**dE**：1拍目あたり。**eE**：1拍目の後短く。本楽譜は**fE**と，同じような25小節目を採用。

79小節　1拍目あたり　**eE**：——があるのはここだけ，他の同じようなところにはない。

81小節　**fE**，**eE**：アルペッジョサインは上声譜表と下声譜表で分けられていない。

83小節　下声譜表　1番目の音
　　dSt：変ロがない。同じような103小節目には変ロがある。

83小節　2番目の音　**fE**：ppではなくp。

94, 114小節　上声譜表　3番目の音
　　eE：嬰トがない。**dSt**：嬰トがないのは115小節のみ。

96小節　上声譜表　1番目の音
　　fE：ホのある和音（後に訂正？），同じような116小節ではホはない。**eE**：両方の箇所にホはない。本楽譜は先行し続く3声部書法を**dSt**にしたがっている。

96小節　上声譜表　5番目の音
　　dSt：和音の中のロかイかどうか不確か。**dE**：イ。**eE**，**fE**：ロ。本楽譜は**eE**，**fE**と，同じような116小節にしたがっている。

96, 116小節　上声譜表　5-6番目の音
　　eE：ロ-ロにタイ。

111小節　上声譜表　1拍目
　　dSt：嬰ヘは付点がない。というのは2拍目に2番目のイ／ロがあったので。本楽譜は**eE**，**fE**と，同じような91小節にしたがっている。

111-112小節　上声譜表　上声　2拍目あたりから1拍目
　　eE：間違い。3度一つが高すぎる。

114小節　上声譜表　3番目の音
　　dSt，**eE**：ロ／嬰トのみ。**dE**：嬰ト／嬰ト（おそらく間違い）。**fE**：嬰

		ト／ロ／嬰ト。本楽譜は**fE**と，同じような94小節にしたがっている。
121小節	上声譜表	**dSt**：2拍目からだけスラー。本楽譜は**fE**にしたがっている。
132–133小節		**dSt**，**dE**：132小節と133小節の間で分けられたスラー（**dE**では線を分断）。本楽譜は**fE**と**eE**そして下声譜表にしたがっている。
146小節	下声譜表　4番目の音	**dSt**：スタッカートドットがない。**fE**と，同じような144小節にしたがって付加。
152小節	2拍目	**fE**，**eE**とも⌒がない。
155小節	1拍目	**dSt**：訂正前**ff**，訂正後**f**。**fE**：**ff**。**eE**：**f**。
155小節	上声譜表　1−2拍目	**dSt**，**fE**：⌒なし。**eE**と，同じようなところにしたがって付加。
155小節	下声譜表　2番目の音	**dSt**：ここだけハがない。**fE**，**eE**と，同じようなところにしたがって付加。
158小節	2拍目	**dSt**：℘と※がない。**fE**と，同じような36小節にしたがって付加。
160小節	3拍目	**dSt**：※がない。**dE**では下声譜表の最後の音で付加。本楽譜は同じような38小節目にならう。
163小節	上声譜表　1番目の音	**dSt**：奇妙な＞がここにだけある。同じような他の箇所にはない。
164小節	下声譜表　1番目の音	**dSt**：スタッカートドットがない。**fE**と，同じようなところにしたがって付加。
165小節	下声譜表　最後の音	**dSt**：ヘが和音に付けられていたのか，削除されたのかは不明。**dE**：ヘが付いている。本楽譜は**fE**，**eE**と，同じようなところにしたがっている。
166小節	3拍目あたり	**dSt**：⌒なし。**fE**，**eE**と，同じようなところにしたがって付加。
169小節	上声譜表　2番目の音	**dSt**：ここにだけ＞。同じようなところ箇所や，**fE**，**eE**：＞はない。
170小節	上声譜表　2番目の音	**dE**：変イのない和音。**dSt**においては明確ではない。**fE**，**eE**にしたがって付加。
170小節	下声譜表　2拍目あたり	**dSt**：ハのない和音。**fE**，**eE**にしたがって付加。
173小節	下声譜表　3番目の音	**dSt**：和音の上の音はロとして記譜。本楽譜は同じような171小節と**eE**，**fE**にしたがっている。
178小節	上声譜表　3拍目	**eE**：リズム ♫♫
179小節	上／下声譜表　1番目の音	**fE**，**eE**：スタッカートドットなし。
180小節		**fE**：アルペッジョが右手と左手で分離されていない。**eE**：アルペッジョが右手のみ。

401. ショパン ポロネーズ 変イ長調《英雄》作品53

2016年1月20日 第1刷発行	発行者	堀内久美雄
2021年4月30日 第2刷発行		東京都新宿区神楽坂6の30
	発行所	株式会社 音楽之友社
		電話 03(3235)2111(代) 郵便番号 162-8716
		振替 00170-4-196250
404010		http://www.ongakunotomo.co.jp/

落丁本・乱丁本はお取替いたします。　　　　　　　　　　　　　印刷：錦明印刷／製本：誠幸堂
Printed in Japan.

この音楽著作物の全部または一部を権利者に無断で複製(コピー)することは、著作権の侵害にあたり、著作権法により罰せられます。

ISBN978-4-276-40401-4
C1073 ¥1600E

404010
定価（本体1600円＋税）

ショパン　ポロネーズ　変イ長調《英雄》　作品53
音楽之友社

Chopin

Polonaise As-Dur op. 53

Ubber

Wiener Urtext Edition